Lieutenant-Colonel **BONIFACY**
de l'Infanterie Coloniale

De l'emploi des partisans
AU
TONKIN

(Opérations dans le Dong-Quang en 1896)

PARIS
IMPRIMERIE-LIBRAIRIE MILITAIRE UNIVERSELLE
L. FOURNIER
264, Boulevard Saint-Germain, 264

1913

De l'emploi des partisans au Tonkin

Lieutenant-Colonel BONIFACY
de l'Infanterie Coloniale

De l'emploi des partisans

AU

TONKIN

(Opérations dans le Dong-Quang en 1896)

PARIS
IMPRIMERIE-LIBRAIRIE MILITAIRE UNIVERSELLE
L. FOURNIER
264, Boulevard Saint-Germain, 264

1913

De l'emploi des partisans au Tonkin

(Opérations dans le Dông-Quang en 1896) [1]

Il n'existe certainement pas dans les fastes de la conquête du Tonkin une suite d'opérations aussi importante que celles faites par les partisans de Nông-hung-Tân, alors quan-phu de Tuong-Yen, contre les bandes pirates qui, chassées des 2e et 3e Territoires, et même de la province civile de Thai-Nguyen (Luong-van-Son) s'étaient réunies dans le Dông-Quang, sous le commandement de Ha-Quôc-Thuong.

Nous parlons ici, bien entendu, des opérations menées par les partisans.

Le Dông-Quang, était l'un des cantons du phu de Tuong-Yen, huyên de Dê-Dinh, ancien châu de Bao-Lac. Il comprend deux énormes massifs calcaires, l'un au nord auquel on réserve plus particulièrement l'appellation de Dông-Quang, l'autre au sud qui reçoit le nom de Duông-Thuong. Le Dông-Quang est limité à l'est par la profonde vallée du Sông-Ngô-Khê, à l'ouest par le Sông-Miên, au nord, par la Chine, au sud, par les montagnes des xâ de Du-Gia et de Tong-Ba, du huyên de Vi-Xuyên ; il est traversé par la coupure du Sông-Niêm, habitée plus particulièrement par les Thô, qui avaient en outre un village florissant au centre du plateau de Dông-Quang, à Dông-Van.

---

[1] Conférence faite à Ha-Giang, en 1912, aux officiers du 3e Territoire militaire, par le lieutenant-colonel Bonifacy, commandant le Territoire.

Occupation par les pirates.

Depuis 1862, date de la révolte Méo, le Dông-Quang était occcupé par les différentes bandes pirates qu'on chassait du bas pays. Hà-Quoc-Thuông, même au temps où il opérait du côté de Cho-Ra, s'y était aménagé un repaire, centre de ses opérations pour le commerce

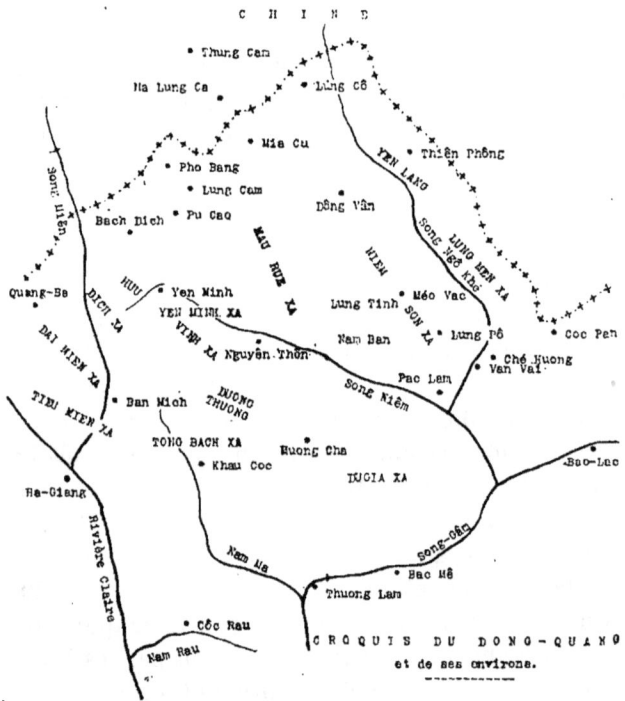

des femmes et de l'opium. A mesure que, par suite de l'occupation progressive du pays, les bandes chinoises étaient refoulées, elles se réfugiaient dans le Dông-Quang, et, en mars 96, elles s'y trouvaient toutes, sauf celles de Mac-Quê-An et Lê-Chi-Thuân dans le huyen de Bac Quang, et celle de Hoang-Man à proximité, mais dans le 4ᵉ territoire.

Après la colonne de 1895-96 du colonel Vallières, on avait formé, autour du Dông-Quang, une tenaille dont les deux pointes touchaient la Chine et étaient jalonnées par des postes de Quan-Ba, Ban-Mich, Khau-Côc, Muong-Cha (qui ne fut occupé qu'en avril), Pac Lâm au point où le Sông-Miên et le Sông-Ngô-Khé se réunissent et le Lung-Men, qui fut occupé le 27 février.

Il est bon de dire en deux mots comment fut occupé ce plateau, qui se trouve sur la rive gauche du Sông-Ngo-Khê et fait face au Dông-Quang.

Le 24 février au matin 50 partisans thô du quan phu escaladent le Lung-Men du côté de Côc-Pau, (qui n'existait pas comme poste) et s'emparent de Lung-Chu, entre les deux positions des pirates de Lung-Pia et de Lung-Mên ; le soir, les groupes Bonnelet et Révérony arrivent à Lung-Chu ; le 25, c'est l'état-major y compris le lieutenant-colonel Audéoud, le groupe Vannier et deux pièces d'artillerie. Les linh-lê occupent le point dominant de Lung Chu (1850 m.) pendant la nuit, et les pirates sont définitivement rejetés en Chine le 27. Le pays est confié au chef méo Ly-Kim-Phuong, qui rappelle ses compatriotes réfugiés en Chine et repeuple le pays, et aux partisans qui ont si bien aidé à le conquérir.

D'après les instructions de l'état-major, on devait rester sur ces positions, vis-à-vis du Dông-Quang, et la conquête du pays fut faite par le capitaine Messier de St-Jammes et le quan-phu de Bao-Lac, en dépit des ordres donnés et renouvelés, que le capitaine éludait sans cesse. Nous n'avons pas d'ailleurs à envisager cette partie de la question. Les forces qui entouraient le Dông-Quang étaient 3 compagnies de légion et 4 de tirailleurs, dont les capitaines étaient en outre commandants de secteur ; ces compagnies étaient : 16ᵉ du 1ᵉʳ (capitaine Combettes) à Quan-Ba, 16ᵉ du 3ᵉ (capitaine Vache) à Ha-Giang, 7ᵉ du 3ᵉ (capitaine Gadel) à Bac-Mê, Thuong-Lâm, puis Muong-Cha, 13ᵉ du 3ᵉ (capitaine Messier de St-Jammes) à Bao-Lac (1).

Nong-Hung-Tân et ses partisans.

Celui qui fut la cheville ouvrière de la conquête, Nông-hung-Tân, actuellement quan-dao de Bao-Lac, mérite une mention spéciale ; il faut savoir en effet pourquoi il pressa avec autant de force sur le capitaine commandant le secteur, il faut aussi connaître ses auxiliaires.

Le clan Nông est très nombreux parmi les Thô de cette partie de la frontière, aussi bien en Chine qu'au Tonkin ; un de ses membres s'illustra en 1052, époque à laquelle il se tailla un empire éphémère dans le Quang-Si et le Quang-Dông. Les ancêtres directs de Nông-hung-Tân secoururent les Lê, attaqués par les faux Nguyên en 1787 ; d'après la tradition, un membre de la famille royale se réfugia à Bao-Lac. En la 14ᵉ année de Minh-Mang (1833) Nông-van-Vân, grand'père du quan-dao actuel, se souleva au nom des Lê contre le roi de Hué. Il défit à Yên Bien, en face de Ha-Giang, le quan-bô Pham-Pho, qui se suicida, puis il alla assiéger Tuyen-Quang, prit en passant Thai-Nguyên, Cao-Bang. Trahi, refoulé dans ses montagnes, sa tête fut mise à prix par le roi. Il ne se rendit jamais et disparut. Son fils, puis son petit-fils, luttèrent con-

---

(1) Le territoire comprenait en outre à cette époque, la 9ᵉ compagnie du 4ᵉ tonkinois à Côc-Rau ; la 12ᵉ du 3ᵉ à Vinh-Tuy et Bac-Quang ; la 4ᵉ du 1ᵉʳ à Yên-Binh-Xa ; la 13ᵉ du 1ᵉʳ à Hoang-Su-Phi ; la 14ᵉ du 3ᵉ à Chiêm-Hoa ; la 5ᵉ du 1ᵉʳ à Tuyen-Quang ; la 14ᵉ du 1ᵉʳ à Dong-Chau ; 2 compagnies de légion à Tuyen-Quang, Bac-Quang, Bac-Ken ; 1 d'infanterie de marine à Phu-Yen-Binh, la 19ᵉ du 1ᵉʳ à Lang-Thac, soit 12 compagnies indigènes, 6 européennes.

tre les Méo révoltés, puis contre les bandes chinoises envahissant le Tonkin à la suite de la révolte des T'ai Ping. Luu-Vinh-Phuc ne put entrer au Tonkin par Bao-Lac et dut se décider à longer la frontière. Cependant attaqués de tous les côtés, les Thô de Bao-Lac finirent par céder, mais quand ils apprirent que les Français étaient au Tonkin, leurs chefs, conduits par Nông-hung-Tân, descendirent à Tuyên-Quang, puis à Hanoi, et revinrent chez eux, conduisant la colonne du colonel Servière, qui fonda les postes de Bao-Lac et de Bac-Mê (1887).

Causes du mécontentement des habitants du Dông-Quang contre les pirates.

L'ocupation du Dông-Quang par les pirates ne fut d'abord pas trop pénible pour les habitants (1) ; ils s'y fournissaient d'opium, y faisaient quelque commerce ; mais à mesure que notre occupation, faisant tache d'huile, refoulait les pirates sur le plateau, leur interdisait le pillage de plaines fertiles, supprimait le commerce des femmes, ces pirates, devenus beaucoup plus nombreux, devaient vivre sur les ressources du Dông-Quang, où ils étaient bloqués par la tenaille dont nous avons parlé. Les Thô avaient fui, les ly-truong thô de cinq xâ du canton étaient réfugiés à Bao-Lac ou en Chine, leurs serviteurs, leurs émissaires étaient au courant de l'exaspération des habitants contre les pirates. Il était évident que le moment était venu de profiter de ces chances de succès pour agir. Les chefs pirates étaient entourés d'espions, et le quan-phu était prévenu de tous leurs mouvements.

---

(1) Les pirates chinois avaient été appelés pour la première fois dans le Dông-Quang par le soi disant roi Thuân-Thiên-Chua en 1872 ; ils ne le quittèrent plus depuis.

Hâ-quôc-Thuong sentait lui-même la fausse position où le mettaient ses exigences forcées vis-à-vis des habitants. Le 29 février, le colonel Vallières, avant de quitter Ha-Giang, le somme de cesser ses pillages et de retourner en Chine ; il répond le 11 mars à un de ses amis pour s'informer des conditions de sa soumisson, et fait ressortir qu'il a 10.000 bouches à nourrir et qu'il est bien obligé de pressurer les habitants. Nous avons d'autres lettres de lui recommandant à ses subordonnés la bienveillance envers les habitants ; mais il fallait vivre.

C'est même ce besoin de subsistance qui l'avait amené à essayer de s'étendre au delà du Dòng-Quang vers la fin de 1895 ; au sud, il s'était heurté à nos colonnes, à l'est il avait été arrêté par 200 linh-lê de Bao-Lac, auxquels s'étaient joints tous les habitants armés du fusil 42.

Le quan-phu préconisait l'entrée des troupes dans le Dông-Quang, il l'avait demandée le 18 janvier au colonel Vallières en lui envoyant les ly-truong de cinq xâ (1) comme guides, il avait obtenu du colonel Audéoud le concours des troupes pour chasser les Chinois du Lung-Men, il avait ensuite, par ses instances, obtenu l'appui du capitaine Messier de St-Jammes, qui, malgré les instructions reçues, le lui donna complètement.

Prise de Méo-Vac.

Le 4 avril, le capitaine Messier St-Jammes est allé à Chê-Huong, près de Van-Vai, il a reçu Duong-ngoc-Long (Yang-yu-long), (2) chef méo de Méo-Vac, (décédé) qui offre son concours et amène 60 Méo armés,

---

(1) Ce nom de cinq xâ est celui qui était généralement employé par les Chinois pour désigner le Dong-Quang.
(2) Nous écrivons les noms avec prononciation sino-annamite.

en même temps que 80 Thô de Dông-Van, commandés par Nguyên-dinh-Cao (chef de canton actuel de Quang-Mân) ; on leur adjoint 60 linh-lê déjà exercés et la troupe se met en route ; le capitaine de St-Jammes avait comme réserve à Chê-Huong 15 légionnaires et 100 tirailleurs, le quan-phu, 80 linh-lê éprouvés.

Les pirates avaient leur poste sur la pente nord de la grande montagne (Ta-San) qui borde au sud le cirque de Méo-Vâc ; ce poste était très mal placé, dominé, on pouvait s'en approcher à 100 mètres, il ne recevait l'eau que par une conduite en bambou et ne contenait que deux ou trois jours de vivres.

Le 8 avril, les partisans en marche vers Méo-Vac furent arrêtés par une embuscade, mais les pirates

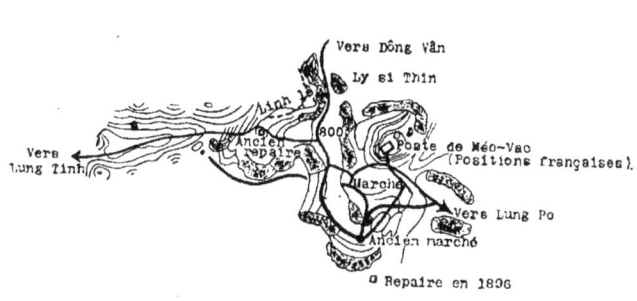

voyant le nombre des assaillants se replièrent sur leur poste et commencèrent le déménagement sur Lung-Tinh.

Cette première résistance amena le capitaine à faire partir les 80 linh-lê qui étaient avec lui à Chê-Huong et qui se portèrent à Lung-Pô, afin d'empêcher les pirates de couper les communications.

Le 9 les partisans couronnèrent les crêtes où se

trouve à présent le gîte d'étape, et ils ouvrirent le feu le 10 contre le repaire, dont les habitants avaient coupé la conduite d'eau. Le repaire fut évacué de suite et le capitaine fut prévenu à Chê-Huong ; il se mit en marche avec ses 115 hommes, pour établir un blockhaus de partisans à Méo-Vâc.

Pendant ce temps, des retours offensifs eurent lieu le 11, le 13 et enfin le 15, alors que la colonne de troupes régulières occupait la position où se trouve actuellement le gîte d'étape, les meilleurs lieutenants de Ha-quôc-Thuong, Ly-sap-Nghi et Ly-phuc-Thuong débouchèrent du chemin de Lung-Tinh pour reprendre Méo-Vâc.

Ils occupent les crêtes, chassant peu à peu nos partisans trop peu nombreux, mais qui, se cachant derrière les rochers, se replient lentement.

A huit heures du matin, après leur repas, les linh-lê de Bao-Lac entrent en action, ils descendent dans la plaine, parvenus au centre, ils reçoivent des balles, se déploient immédiatement en tirailleurs avec une prestesse remarquable, puis après avoir exécuté un feu rapide de quelques instants, la moitié d'entre eux cesse le feu, et grimpe dans les rochers faisant face à ceux occupés par les Chinois ; ils ouvrent le feu, ceux restés dans la plaine cessent le feu à leur tour, grimpent à 50 mètres au-dessus de leurs camarades, et ouvrent le feu. Toute la journée les adversaires restent en position, mais le mouvement des Chinois est arrêté, le dernier coup de feu est tiré à 10 heures du soir.

Pendant la nuit, les linh-lê évacuèrent leur position et reculèrent ; on espérait que les pirates descendraient dans la plaine, où on pourrait les fusiller à loisir en tenant les crêtes, mais ils ne s'y risquèrent pas et restèrent en position le 16, le 17, le 18, menant un combat lent.

Prise de Lung-Tinh.

Les pirates avaient un repaire sérieux à Lung-Tinh. Sur ce point, l'exaspération des habitants était grande ; aussi avaient-ils envoyé, le 5 avril, leur chef pour demander secours contre les pirates. On avait remis l'opération à la suite de celle de Méo-Vâc, à laquelle 30 Méo de Lung-Tinh avaient été employés. Un des grands griefs des Méo de Lung-Tinh était d'avoir à fournir journellement aux pirates 2.500 rations de maïs. Il y avait en effet à Lung-Tinh, outre la garnison ordinaire, les pirates chassés de Méo-Vâc, et Luong-van-Son venant du sud avec 300 hommes.

Le 19 à midi, alors que les pirates étaient encore près de Méo-Vâc, 200 partisans et linh-lê se dirigent vers Lung-Ting en passant par la vallée du Song-Niêm. Ils furent remplacés à Méo-Vâc par les thô armés de fusils 1842, par Ly-kim-Phuong avec 30 fusils appelés du Long-Men ; enfin, outre les troupes régulières déjà massées à Méo-Vâc (15 légionnaires, 100 tirailleurs), 30 tirailleurs et 10 légionnaires étaient venus à Lung-Po, entre Van-Vai et Méo-Vâc.

Le 25 avril les linh-lê et les partisans avaient entouré Lung-Tinh à l'Ouest et au Sud, sans avoir été éventés par les pirates ; les Tho étaient sur les pics au nord-est, les Méo sur les pics au nord-ouest ; le deuxième chef méo de Lung-Tinh sort de sa case avec quelques hommes, fait un feu de salve sur le marché où jouaient de nombreux chinois et va rejoindre les linh-lê.

Le même jour les pirates qui se trouvaient en face de Méo-Vâc descendirent dans la plaine : attaqués vivement, ils se replièrent ; prévenus probablement du sort qui menaçait Lung-Tinh, ils ne reparurent plus.

Nous avons dit que Lung-Tinh était cerné par nos

partisans ; ils étaient 250 en tout : ils s'établirent de façon à dominer le marché, les routes qui y aboutissaient, et, sans s'exposer aux risques d'un coup de main, ils tiraient tranquillement sur tous ceux qui se faisaient voir. Les habitants avaient fui, les pirates ne pouvaient être ravitaillés, leur position devenait d'autant plus critique que les linh-lê avançaient lentement sans être vus ; ils purent même tirer sur la maison du chef Ly-phuc-Thuong.

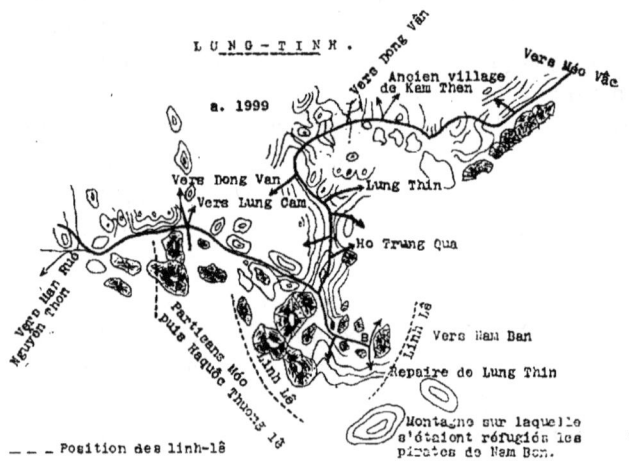

Cependant les pirates avaient un poste à Nam-Ban (près du gîte d'étapes actuels de Bac-Bon, dans la vallée). Les linh-lê, qui craignaient d'être pris à revers par les cent pirates qui l'occupaient, résolurent de s'en emparer. Cinquante d'entre eux, aidés par les Giây des environs, attaquèrent de nuit le blockhaus qui en fermait l'entrée. Les pirates s'enfuirent, n'emportant que leurs armes et leurs munitions, et vinrent, malgré les efforts des linh-lê trop peu nombreux, se réunir à la bande de Lung-Tinh.

Hâ-quôc-Thuong, informé de l'état précaire dans lequel se trouvaient ses partisans à Lung-Tinh, alarmé par la défection des populations, inquiété par les partisans du chef thô de Ban-Mich Thuong-van-Tô (plus tard quan-huyên de Vi Xuyen), qui agissait dans la haute vallée du Song-Niêm, et qui avait attaqué le poste pirate du Nguyên-Thôn de Mau-Ruê, se décidait à grouper ses troupes.

Il se rendit donc de Lung-Cam à Lung-Tinh en passant par Yen-Minh, Mau-Ruê, au lieu de passer par la route directe du plateau ; il chassa les partisans méo qui occupaient l'entrée de cette route dans le cirque de Lung-Tinh et dégagea ainsi en partie ses hommes en brisant l'investissement sur ce point. Le 15 mai au soir commença la retraite sur la vallée.

Les partisans méo furent recueillis par les linh-lê, qui, avertis du mouvement de retraite, se mirent immédiatement à la poursuite des fuyards. Ils les atteignirent au matin, alors qu'ils s'étaient arrêtés pour préparer un repas, les couvrirent de feux et les obligèrent à reprendre leur marche en abandonnant tous les ustensiles Ils les atteignirent encore une autre fois pendant la retraite, mais Hâ-quôc-Thuong réussit à rallier ses hommes de Lung-Tinh et de Nguyên-Thôn (commune de Mâu-Ruê) pour les concentrer dans les deux postes qui lui restaient, à Lung-Câm et à Dông-Van. Il y avait également des pirates à Bach-Dich, où se trouve actuellement le poste de Xin-Cai, ces pirates rallièrent également Lung-Cam en passant par la Chine. Ils avaient été inquiétés par Thuong-van-Tô et ses partisans, ainsi que par les habitants thô de Yên-Minh et de Bach-Dich qui étaient revenus dans leur pays sous les ordres du chef de canton Nguyên-doan-Tân (décédé).

Prise de Dông-Van

Il ne restait donc plus à prendre que Dông-Van et Lung-Cam ; la position des pirates était des plus critiques, ils n'étaient que difficilement ravitaillés à prix d'argent par la Chine et des défections se produisaient ; mais par suite l'élite de ses fidèles restait à Hâ-quôc-Thuong. De notre côté, nous pouvions augmenter le nombre de nos partisans, car des fusils soit du 3e Territoire, soit du 2e avaient été mis à la disposition du capitaine de St-Jammes.

Les hommes venant de Lung-Tinh à la poursuite des pirates manœuvrèrent de façon à les couper de leur communication avec l'intérieur, les partisans méo restèrent à Pu-Cao, interdisant la route de Vinh-Thon et de Yen-Minh, les linh-lê de Bao-Lac poussèrent plus loin et se placèrent entre Lung-Cam et Dông-Van, barrant les chemins de Lung-Cam à Lung-Tinh par Lung-Phuc et de Dông-Van.

Hâ-quôc-Thuong, qui ne pouvait, faute de vivres, garder tous ses hommes à Lung-Cam, envoya par la Chine les bandes de Ly-sap-Nghi, Luong-van-Son et Hoang-Câu à Dông Van.

Nous avons déjà dit que Nguyên-dinh-Cao avec tous ses thô et ses serviteurs méo s'était déclaré contre les pirates ; il laissa ceux-ci s'établir au pied des rochers où se trouve le poste actuel et se plaça sur la colline qui ferme le cercle au midi. Le 23 mai il y est attaqué par les pirates, mais il les repousse, tuant deux d'entre eux.

Les communications entre les deux postes pirates et l'intérieur coupées, on décida de chasser d'abord les pirates du cirque de Dông-Van.

Ly-Kim-Phuong, chef méo de Son-Vi, reçut 10 nouveaux fusils, ce qui en porta le nombre à 31, et fut chargé d'interdire aux pirates la route de Chine passant par Tiên-Phuong, pays qui appartenait à l'Annam (commune de Yên-Lang, canton de Nam Quang) (1).

Le 24 mai, tous les linh-lê disponibles couronnèrent les crêtes au sud du cirque, les Chinois avaient établi une partie de leurs hommes à la pagode ruinée, sur la croisée des chemins qui conduisent à Lung-Cam par Sa-Phin, à Ma-Lung-Ka et à Lung-Cô, deux routes de Chine.

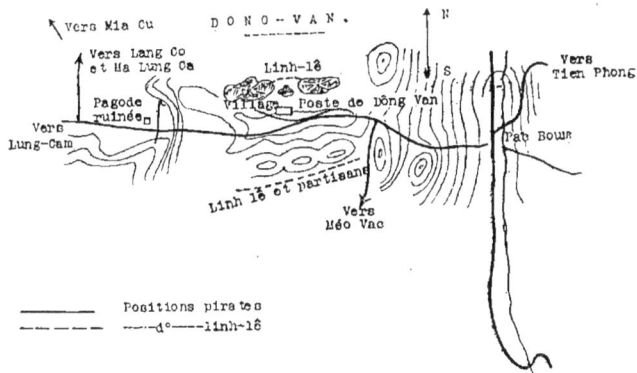

Les pirates avaient environ 300 fusils et 100 coolies.

Le 26 mai, 100 pirates de renforts, bien armés, arrivèrent par la Chine : les assiégés en profitent pour se donner de l'air sur Tien-Phong, ils sont repoussés par Ly-Kim-Phuong, qui coupe une tête et s'empare d'une carabine Winchester avec 30 cartouches.

Le 28 mai, le nombre des pirates paraissant augmenter à Dông-Van, on rassemble les linh-lê qui coupaient les routes de Lung-Cam, en n'y laissant que le nombre d'hommes strictement nécessaire. Cela porte à 175 le nombre des assaillants, sans compter ceux de Ly-Kim-Phuong.

---

(1) Ce pays, qui fut plus tard abandonné à la Chine, était celui de la famille du quân-phu, qui, par suite de cette cession, perdit tous les domaines qu'il possédait.

Le 29, les linh-lê dessinent un mouvement enveloppant pour couper la ligne de retraite, 100 pirates sortent pour s'y opposer, mais ils sont tellement gênés dans les gorges qu'il se laissent couper et s'enfuient en Chine ; cinquante hommes qui devaient les soutenir en font de même. Les linh-lê coupent deux têtes et prennent un cheval.

Pendant ce temps les assiégeants se rapprochent de la palissade de façon à pouvoir diriger sur le repaire un feu efficace.

Dans la nuit du 30 au 31, un groupe de linh-lê profite de l'obscurité pour grimper sur les rochers qui dominent la position pirate et le poste actuel. Les chinois avaient négligé de l'occuper. Dès le matin, ces linh-lê commencent le feu, le poste est ainsi rendu intenable, les pirates, attaqués de tous côtés, fuient sur la position de retraite de la pagode en ruine ; ils y sont encore assaillis par les linh-lê et, démoralisés, ils fuient en Chine par toutes les directions. Ce jour-là, leurs pertes sont de 19 têtes coupées par les partisans, qui leur prennent en outre 2 trompettes, 2 cachets, 1 fusil à tir rapide. Trois partisans avaient été tués.

Ce jour même, Hâ-quôc-Tuong, avec 300 hommes, avait voulu venir au secours de Dông-Van, mais il en fut empêché par les partisans et linh-lê qui barraient la route et qui lui firent subir quelques pertes.

Quelques pirates s'étaient enfuis par Tien-Phong ; Ly-Kim-Phuong les attaqua le 1er juin, leur coupa cinq têtes et prit deux fusils. Les pirates se réfugièrent en partie dans le poste chinois indûment établi dans cette terre d'Annam ; les réguliers fraternisèrent avec eux, se joignirent à eux et vinrent attaquer traîtreusement la petite troupe de Ly-Kim-Phuong pendant qu'elle préparait son repas ; nos partisans eurent huit hommes tués, huit fusils perdus, et ils se réfugièrent précipitamment dans les montagnes.

Cela prouve une fois de plus le fond qu'on peut faire sur les traités avec la Chine. Pendant toute cette campagne, les mandarins chinois fraternisèrent ouvertement avec les pirates de Hâ-quôc-Tuong, au lieu de se joindre à nous pour les soumettre.

Prise de Lung-Cam.

Après la prise de Dông-Van, Hâ-quôc-Tuong disposait encore de 1.200 pirates, dont 800 armés de fusils.

Les routes qui allaient de Lung-Cam vers le Tonkin étaient barrées par nos partisans ; ceux qui étaient à Pu-Cao gagnèrent aussitôt les crêtes qui dominaient les positions pirates au S.-O. ; c'est par là que passait le chemin allant de Lung-Cam à Yên Minh ; les autres détachements s'avancèrent de même et le cirque fut entouré au S. et à l'O. Ces crêtes étaient parsemées de fortins pirates, dont les linh-lê chassèrent les défenseurs, mais sans pouvoir les occuper eux-mêmes. Il était, en effet, impossible d'y vivre à cause du ravitaillement trop pénible ; les pirates ne cherchèrent pas à les réoccuper. Par contre, le fortin situé au N. du repaire dominant la route de Phô-Bang, et où se trouvait un point d'eau, continua à être occupé par les pirates, ainsi qu'un autre dominant le blockhaus de Ha-quôc-Tuong à l'Ouest.

Les linh-lê et partisans étendirent ensuite leur ligne vers le N. O. de façon à couper le chemin de la Chine aux pirates. Le 4 juin, ils attaquèrent le convoi de cartouches qui venait de cette direction, tuèrent 7 hommes de l'escorte, mais ne purent l'empêcher de continuer vers Lung-Cam.

Le 9 juin, les linh-lê enlevèrent le col de Lung-Ho,

sur le chemin de Dông-Van ; se cachant dans les rochers qui descendent de ce col, ils pénétrèrent dans l'intérieur du cirque de façon à attaquer le blockhaus de Hâ-quôc-Tuong, à l'est de ce cirque. Toutes les maisons qui se trouvaient dans le cirque sont évacuées et les pirates se réfugient dans les rochers, sur le chemin qui monte vers Pho-Bang.

Le 10, un renfort vient de Chine, mais il est arrêté par les partisans dans la gorge de Pho-Bang et est forcé de se replier. Le 15, cette bande tente de nouveau le passage sans plus de succès.

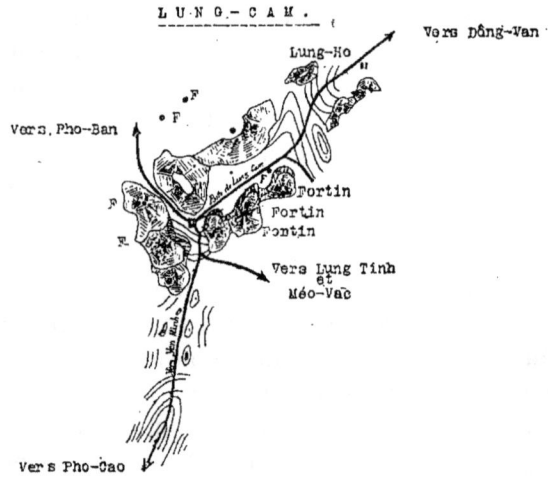

Le même jour, 80 pirates, escortant des femmes, avaient cherché à forcer l'entrée du cirque vers l'Est ; mais ils sont repoussés laissant 17 cadavres sur le terrain, 15 femmes furent prises.

Le 24, 300 pirates cherchent à gagner la Chine par le chemin de Pho-Bang ; les 80 linh-lê qui gardaient ce chemin reculent sur les hauteurs en combattant, les pirates ne peuvent forcer le passage et rentrent le soir à Lung-Cam, mais, cette nuit-là, ils reçoivent de Chine 20 fusils, des cartouches et des vivres. Leur mouvement était sans doute préparé pour faciliter l'entrée de ce ravitaillement.

Le 2 juillet, les linh-lê attaquent le blockhaus N. qui était resté entre les mains des pirates ; pendant l'attaque, les pirates du repaire principal sortent par le chemin de Pno-Bang et attaquent à revers ; les linh-lê sont obligés de se retirer, perdant cinq tués, cinq fusils, laissant prendre deux blessés.

Hâ-quôc-Tuong essaie de faire faire une diversion par les pirates réfugiés à Ma-Lin, en Chine. Ceux-ci entrent au Tonkin, et parviennent à s'établir sur les hauteurs de Mia-Cu, au N. O. de Dông-Van. Les 30 linh-lê qui leur tiennent tête sont renforcés par 20 autres de la réserve qui se trouvaient à Méo-Vac, et qui emportent avec eux 14 fusils pour armer les habitants des environs, en partie Lolo.

Le 8 juillet, nouvelle attaque infructueuse du blockhaus Nord par les linh lê.

Le 13 juillet, attaque de Mia-Cu par les 64 linh-lê et partisans, ils sont repoussés.

Le 18 juillet, 150 linh-lê et partisans attaquent le marché de Lung-Cam, au-dessous du blockhaus d'Hâ-quôc-Tuong, mais au moment décisif les partisans méo refusent de continuer et vont se réfugier derrière leurs rochers. Le combat cesse.

Vers cette époque, le découragement gagnait la population assiégeante, l'écho s'en faisait ressentir jusque dans les postes français, et le commandant du cercle de Ha-Giang recevait de Quan-Ba, de Muong-Cha, points les plus rapprochés du théâtre des opérations, des correspondances disant qu'il faudrait absolument des troupes régulières pour achever l'investissement et venir à bout des pirates.

Mais le quân-phu et son hiep-quan, le brave Hoa-van-Quê, chef des linh-lê, redoublèrent d'ardeur pour maintenir le courage des partisans.

Le 21 juillet, les linh-lê tentent de nouveau l'assaut du blockhaus de Hâ-quôc-Tuong ; mais ses alentours sont couverts de petits piquets, deux linh-lê ont les pieds traversés, un autre est mortellement blessé. Ils se retirent et continuent la fusillade.

Le 23 juillet, les linh-lê occupent un fortin à l'Ouest du blockhaus de Hâ-quôc-Tuong, ils y trouvent 4 cadavres de pirates.

Le 29, les pirates tentent une sortie par le chemin de Pu-Cao ; ils sont arrêtés par les partisans qui gardaient le col, et qui s'emparent d'un fusil et coupent une tête.

Le 4 août, nouvelle attaque de Lung-Cam, les linh-lê coupent une tête.

Les linh-lê qui gardaient la route de Pho-Bang avaient gagné peu à peu un point dominant de 50 mètres environ le fortin du nord ; le 11 août, ils s'emparent de ce fortin, mais les pirates en occupent deux autres préparés à proximité ; les linh-lê les forcent bientôt à les évacuer. Toutes les crêtes étaient ainsi entre les mains de nos partisans, la position de Hâ-quôc-Tuong devenait intenable.

Aussi le 12, à 8 heures du soir, la moitié des pirates et les femmes s'engagent dans le chemin de Pho-Bang, l'autre moitié restant en place pour protéger la retraite.

Il se peut qu'il y ait eu, à ce moment, connivence entre nos partisans harassés et les pirates : le but n'en était pas moins atteint ; le lendemain toute la bande était en Chine.

Mais les pirates, fraternisant avec les réguliers chinois, s'étaient arrêtés à peu de distance de la frontière, se croyant en sûreté ; ils négligeaient de se garder et envoyaient des maraudeurs du côté de Pho-Bang. Le 22 août, les linh-lê attaquèrent pirates et réguliers ; malgré les cris de ces derniers, leur faisant observer qu'ils étaient en territoire chinois, ils n'en reçurent pas moins des salves meurtrières auxquelles ils ne répondirent pas, occupés d'enlever leurs morts et leurs bessés. La leçon fut bonne, la bande disparut, et aucune réclamation ne fut présentée par voie diplomatique. Deux jours avant, le 20 août, les pirates qui étaient à Mia-Cu rentraient en Chine.

Cette disparition de Hâ-quôc-Tuong eut un grand retentissement, Mac-quê-An et Lê-thi-Thuân (1) se réfugièrent en Chine quand ils l'apprirent, et le 3ᵉ Territoire, où nos troupes luttaient depuis 1886, contre les pirates, fut purgé de toutes ses bandes.

Origine des Linh-lê et Partisans.

Il n'est pas indifférent de connaître à quelles races appartenaient les linh-lê et partisans qui prirent part à ces opérations, car il faut rendre justice à tous et ne pas en réserver le mérite à une race seule, comme on le fait souvent.

Il y avait d'abord 174 thô du canton de Nam-Quang, fidèles au quân-phu, qui formèrent le noyau de la troupe et qui avaient combattu dans le Lung-Men.

Ce canton avait fourni de plus 10 Méo, avec Ly-Kim-Phuong pour chef ; ce nombre fut porté plus tard à 21, puis à 31 méo, man et lolo.

Les communes de Dông-Quang fournirent, au fur et à mesure de notre entrée dans le pays :

---

(1) On avait fait contre eux une campagne d'été entre Yên-Binh-Xa, Lang-Ca-Lun et Bac-Quang.

	THÔ	GIAY	MÉO
Niêm Son...................	20	30	40
Mân Ruê...................	210	»	80
Yên Minh..................	50	»	»
Huu Vinh..................	59	»	38
Bach Dich.................	66	»	»
	405	30	158

Ce qui fait en tout, en y comprenant le canton de Nam-Quang 579 Thô, 30 Giây, 197 Méo, y compris quelques lolo, man, giây, etc...

Pertes de nos partisans et des pirates.

Nos partisans avaient perdu 13 des leurs, 10 fusils, ils avaient brûlé 139.015 cartouches.

Les pertes des pirates ont été bien plus considérables, mais il ne faut parler que de réelles qui sont constatées, soit : 4 pirates pris vivants, 47 têtes coupées (1). En outre on s'empara des objets et armes suivants. 3 trompettes, 1 fusil de rempart, 2 à pierre, 1 gras, 2 à mèches, 2 remington, 1 à répétition (?), 1 carabine Winchester, une dizaine de cachets, sans compter les cartouches dont 4.000 prises par le chef méo de Lung-Tinh, les vivres, ustensiles, femmes et enfants.

Considérations sur la tactique des Linh-lê et partisans.

Remarquons tout d'abord que nos troupes n'intervinrent pas dans la querelle, sauf pour occuper les

---

(1) D'après les chiffres donnés dans le détail des opérations nous eûmes 16 partisans ou linh-lê tués et tuâmes 59 pirates. Tous ces chiffres sont tirés des rapports officiels.

points conquis, et pour renforcer, par leur présence, le moral des linh-lê et partisans (1).

Cette méthode est la meilleure à employer ; ce fut celle suivie en 1908-09 dans le Tam-Dao contre les Réformistes, qui furent détruits en détail par les gens du pays.

Elle a le grand avantage de ne pas exposer nos troupes. Ceux qui combattent, les partisans, sont aussi moins exposés que lorsque nous voulons les employer en tête de nos colonnes.

Ainsi, dans leurs opérations contre Hâ-quôc-Tuong, nos partisans ont 13 tués, et coupent 47 têtes. Dans le Tam Dao, les partisans man, annamites et thô en coupent autant, prennent une quarantaine de fusils et n'ont pas un seul blessé.

Il faut donc bien comprendre que les partisans, qui doivent toujours, pour agir, connaître absolument le pays qu'ils habitent, ne sont pas faits pour engager l'action avec mordant ; ils n'agissent, soit dans la défensive, soit dans l'offensive, que par surprise, grâce à leur connaissance du terrain.

C'est une indication pour nous de ne jamais les employer mélangés aux troupes que nous conduisons suivant nos habitudes européennes. Surpris ou même simplement exposés à un feu violent, ils se débanderont, ne voulant pas jouer le rôle de victime, même glorieuse.

Laissés à eux-mêmes, il est rare qu'ils s'exposent à une surprise ; étant en marche, ils ne s'aventurent jamais sur un terrain sans être sûrs de l'endroit où est l'ennemi ; ils avanceront, précédés d'espions ou d'éclaireurs non armés, avec une prudence, une lenteur que nous qualifierions de pusillanimes : ils savent en effet

---

(1) Un poste, sous le commandement du lieutenant Plailly, fut créé à Méo-Vac.

que ceux qu'ils ont à combattre escomptent, comme eux, le bénéfice de la surprise.

Par contre, étant au repos, ils ont très souvent le défaut de leurs ennemis, ils se laissent surprendre, car il leur arrive de négliger le service de sûreté en station.

Ce défaut était moins commun chez les linh-lê de Bao-Lac, très aguerris, et qui avaient eu pendant longtemps à se garer des pirates.

Dans le récit des opérations, nous avons parlé d'attaques. Ces attaques ne ressemblaient pas à nos assauts. C'étaient des marches prudentes ; les linh-lê ou partisans se glissent lentement au travers des rochers, qui hérissent le sol comme des vagues pétrifiées dans le Dông-Quang.

En résumé, les succès des partisans sont dûs à leur parfaite utilisation du terrain, coupé, couvert, qu'on trouve dans la haute région, particulièrement dans les plateaux calcaires comme ceux du Dông-Quang, et à la sympathie des populations, heureuses d'être débarrassées des pirates.

La méthode d'investissement est toujours la même ; les chemins sont coupés par des embuscades, puis les parois rocheuses qui entourent les cirques sont prudemment occupées. De là, on inquiète les pirates, à couvert ; on se rapproche, toujours à couvert, de façon à ce que le feu soit plus efficace, et généralement la position tombe quand toutes les crêtes sont occupées. Les corps à corps sont toujours évités, même dans les poursuites, on marche à couvert, on n'agit que pendant les haltes. Le ravitaillement de nos linh-lê ou partisans se faisait sur la ligne qu'ils occupaient. Leurs familles leur apportaient les vivres nécessaires. Les cartouches leur étaient fournies par Bao-Lac.

Mais les pirates, dans le Dông-Quang, étaient réduits à la défensive ; comment opéreraient les partisans s'ils avaient à lutter contre des troupes offensives ?

Observons dès à présent que la défensive est le moyen d'action des partisans. Lorsqu'il faut de l'offensive, on pourrait donner à cette offensive le nom d'offensive défensive. Ainsi, autour de Lung-Cam, ils interceptent les communications et attendent que les pirates viennent s'engager sur les chemins pour les battre.

Il s'en suit que le moyen d'action des Annamites ou des Chinois étant la défensive, toute troupe envahissante donnant dans une embuscade risque fort d'être démoralisée. Pendant les guerres du Tonkin, nous ne connaissions que peu d'exemples d'une troupe pirate enlevant une position ou un poste de vive force, presque tous les engagements sont des enlèvements de position par nos troupes, enlèvements qui n'ont guère réussi que lorsque nous étions bien documentés sur la position.

Donc une troupe de partisans, retranchée sur un des points facilement défendables que présente le pays, si elle a des vivres et des munitions, peut interdire pendant longtemps le passage à une troupe chinoise ; il est même probable que si elle peut se donner l'avantage de la surprise. la troupe chinoise sera mise en déroute après avoir été surprise.

Malheureusement, une longue paix n'a pas permis aux partisans actuels de s'habituer à la guerre ; il est dont indispensable, tout au moins, de connaître les services rendus par ceux qui combattirent pour nous autrefois.

Il serait utile, et des ordres ont déjà été donnés à ce sujet, de repérer les points de passage facilement défendables, d'en causer avec les chefs de partisans, et de s'assurer s'ils comprennent bien la mission qui leur serait dévolue en cas d'invasion.

Dans le cas d'offensive d'une troupe chinoise, il ne suffirait pas de barrer les positions, il faudrait encore entourer cette troupe d'une bande de partisans, enlevant les traînards, les convois, jetant le désordre dans les colonnes par des feux dirigés sur elles à longue distance par des partisans invisibles. Nous avons pu nous convaincre, en 1908, 1909 et 1910 que nos partisans excellent à jouer ce rôle, surtout si leurs services sont récompensés.

Ces différentes façons d'opérer donneraient des résultats excellents, mais il est certain que nos partisans ne se défendront, sauf peut-être exception pour Bao-Lac, que si nous continuons à occuper le pays, que si nous continuons à les ravitailler en cartouches, que si nous les récompensons pour les prises qu'ils pourront faire. Si nous les abandonnions, il est probable qu'ils subiraient passivement leur sort, car ils ne pourraient pas abandonner leurs champs, leurs familles, pour nous suivre dans notre mouvement de retraite.

J'ai l'intime conviction, et je voudrais la faire partager, qu'à moins d'avoir affaire à des forces de tout premier ordre comme ne le sont certainement pas les troupes chinoises actuelles, nous pourrions, avec quelques perfectionnements dans notre système de défense et d'armement, tenir tête aux troupes qui tenteraient de violer la frontière, en nous appuyant sur une population qui a su résister aux bandes aguerries réunies sous les ordres de Hâ-quôc-Tuong, et finir par les chasser du Tonkin.

Il faut, pour cela, continuer à se faire aimer par cette population et par ses chefs, s'intéresser à tous et à tout ; je suis persuadé que les délégués et commandants de poste ne failliront pas à ce devoir. Il faut bien se convaincre, en effet, que l'intérêt règle les actions des hommes : il faut donc que tous les indigènes soient certains qu'ils ont tout intérêt à nous voir rester dans le pays, et il faut, à ce propos, leur rappeler souvent l'état précaire dont notre protection les a sortis.

Lieutenant-colonel BONIFACY
de l'Infanterie coloniale.

Imprimerie-Librairie Militaire Universelle L. Fournier

PARIS — 264, Boulevard Saint-Germain, 264 — PARIS

Revue des Troupes Coloniales. Organe officiel du Ministère de la Guerre. Prix de l'abonnement annuel............ 24 »

Réduction de 50 0/0 aux militaires abonnés en leur nom personnel.

Colonel E. DIGUET, de l'Infanterie coloniale. — *Les Montagnards du Tonkin*, préfaces par Aug. Pavie. In-8° accompagné de 29 photos hors-texte. Prix.................. 6 50

Les Annamites, Sociétés, Coutumes, Religions. In-8° avec 43 photos. Prix....................... 7 50

Annam et Indochine française. — I. Esquisse de l'histoire annamite. — II. Rôle de la France en Indochine, in-8°. Prix. 4 50

Eléments de grammaire annamite. In-8°, 3° édition. Prix... 3 »

Etude de la langue Thô, in-8°. Prix................ 4 »

Capitaine MAGNABAL. — *L'Indochine française.* Géographie physique, politique, économique. Organisation militaire et maritime. Vol. in-8°, 145 pages, 16 illustrations, 3 cartes inédites. Prix 3 50

Capitaine DE VILLARS, de l'Infanterie coloniale. — *Madagascar, 1638-1894.* Etablissement des Français dans l'Ile. In-8°, 264 pages, avec cartes, croquis hors-texte et photos. Prix........ 4 »

Lieutenant DEBRAND, de l'Infanterie coloniale. — *La conduite des petits détachements en Afrique équatoriale.* Broc. in-8°. Prix 1 »

Capitaine BASTIDE. — *Soulèvement et Prise de Hué en 1885.* Brochure in-8, 32 pages. Prix................... » 60

Capitaine CAUVIN. — *Une Reconnaissance en Afrique centrale.* Combat de Fouka (Tchad), 22 février 1911. Broc. in-8°, 24 p... » 60

P. BAYLE. — *Aux Marsouins* (ouvrage en vers). In-12, 184 pages. Edition de grand luxe. Prix.................. 3 50

Capitaine CLÉMENT-GRANDCOURT. — *Croquis marocains.* Sur la Moulouya. Grand in-8°, 64 pages, ill. de nombreux photos et croquis. Prix....................... 3 »

Description des uniformes des troupes coloniales en France et aux Colonies (1ᵉʳ janvier 1910), in-8°, cart. Prix net..... 4 »

Guide-Fournier (Troupes Coloniales). — Ouvrage établi sur la demande de nombreux officiers appartenant à l'armée coloniale, contenant le résumé des nombreuses formalités que Messieurs les Officiers et assimilés des troupes coloniales sont susceptibles de remplir dans le cours de leur carrière. In-16 oblong relié. Prix........................ 2 »

Carrières Coloniales. Sous ce titre, la Librairie Militaire Universelle a commencé la publication d'une série de brochures relatives aux diverses fonctions coloniales qui relèvent du Ministère des Colonies. Les premières de ces brochures sont consacrées aux services suivants :

    Administration centrale............. Prix. » 75
    Services civils de l'Indochine.......... — » 75
    Administrateurs coloniaux............ — » 75
    Services civils de Madagascar......... — » 75

Lieutenant de vaisseau CASTEX. — *Les Idées militaires de la Marine au XVIII° siècle.* (De Ruyter à Suffren). In-8 raisin de 308 pages, avec nombreuses planches en couleurs. Prix. 10 »

Lieutenant de vaisseau CASTEX. — *L'Envers de la Guerre de course.* La vérité sur l'enlèvement du convoi de Saint-Eustache par Lamotte-Piquet (avril-mai 1871). Brochure in-8 raisin, 56 pages, avec une carte en 3 couleurs hors-texte. Prix..... 2 »

Lieutenant de vaisseau CASTEX. — *La Manœuvre de la « Praya »* (16 avril 1781). Etude politique, stratégique et tactique (d'après de nombreux documents inédits). In-8 raisin, 419 pages avec 9 cartes en couleurs. Prix................. 10 »

www.ingramcontent.com/pod-product-compliance
Lightning Source LLC
Chambersburg PA
CBHW061017050426
42453CB00009B/1484